Chemins de contemplation

Ouvrages de Mgr Patrick Chauvet aux éditions Parole et Silence

J'ai vu l'eau vive, 1997.

De sa plénitude, nous avons tous reçu, 1998.

Puisque l'Esprit est notre vie, 1998.

Père infiniment bon…, 1999.

L'Esprit vous enseignera tout, homélies année B, 1999.

À qui irions-nous ? homélies année C, 2000.

Le jubilé transformera votre vie, 2000.

Oser l'aventure intérieure, 2001.

Éduquer des êtres libres, 2001.

Au cœur de l'Église, homélies année A, 2001.

Les Béatitudes à l'école des saints, 2002.

Notre Père, 2004.

Il est là !, 2008.

Viens suis-moi !, 2009.

Aimer en son cœur, 2010.

ISBN 978-2-88918-128-5

MGR PATRICK CHAUVET
BRUNO BACCHESCHI

Chemins de contemplation

OMBRES ET LUMIÈRES

Parole et Silence

Introduction

Ces quelques pages vous proposent différents chemins de contemplation. J'ai souhaité avec Bruno Baccheschi faire un livre de méditation, à la manière d'une école de prière, avec un texte pédagogique illustré par une photo, telle une icône qui aidera à intérioriser la méditation.

Les chemins sont multiples, mais notre vie spirituelle n'est-elle pas appelée à suivre les étapes de la vie et à s'épanouir, en attendant le face-à-face ?

Nous commençons par la prière que le Seigneur nous a enseignée ; puis nous nous adressons au Fils, le chemin par excellence, en terminant par l'Esprit Saint.

Toute prière est trinitaire.

Autres chemins privilégiés, l'Eucharistie et la Parole de Dieu.

Nous terminerons par l'oraison qui nous conduira à notre cœur.

Un livre de prières et de contemplation, où vous ferez appel aux yeux de votre cœur.

ARAMEEN
אבונה די בשמיא
יתקדש שמך
תאתה מלכותך
תתעבד רעותך
כדי בשמיא כן בארעא
לחמנה חב לנה סנוס יום ביומא
שבק לנה חובינה
די אף אנחנה שבקנא לחיבינו
ואל תעלנה לנסיון
אלא פצינה מן באישא
אמן

Prier le Père

Toute notre vie spirituelle est un chemin qui conduit à la contemplation de ce grand dessein d'amour : Dieu a tant aimé le monde.

Contempler ce Dieu d'Amour qui se révèle comme notre Père, voilà notre bonheur.

Tout comme Moïse, nous souhaitons voir le Père ; mais il faut attendre le Christ pour le voir : « *Qui m'a vu a vu le Père.* » Cette vision nous prépare au face à face, que nous vivrons, après notre pâque, passage de la vie à la communion définitive avec le Père.

Cette contemplation se réalise aujourd'hui dans la prière.

« *Seigneur, apprends-nous à prier.* »

Et le Christ de nous transmettre la prière par excellence, car ses mots sont ceux de Dieu. Cette prière dépasse ainsi les limites du temps et de l'espace. Elle nous met déjà en Dieu.

Commençons alors notre aventure spirituelle avec le début du *Pater*.

« Notre Père qui es aux cieux »

Le Christ nous demande tout d'abord de nous élever jusqu'à Dieu et de tourner ainsi notre regard vers son Père qui est notre Père. Pour cela, il faut nous laisser saisir par lui et nous laisser conduire là où il est lui-même : « *Je reviendrai vous prendre avec moi, afin que là où je suis, vous soyez vous aussi.* » (Jn 14,4)

La prière, c'est rejoindre le Père !

Alors, quittons nos préoccupations, nos soucis, nos manières de juger, de voir, de sentir ; abandonnons nos fausses représentations de Dieu. Faisons taire notre intelligence et descendons en nos cœurs pour recevoir les ailes qui nous élèveront jusqu'à la hauteur du monde céleste où tout est immuable et sans changement.

Notre union à Dieu nous fait dépasser nos limites et nous permet de toucher à ce qui est derrière ce monde visible ; c'est ainsi que nous entrons dans le Royaume. N'ayons crainte, nous n'aurons pas de vision ! Nous irons dans notre cœur, lieu par excellence du Royaume. Et là, nous serons invités à y demeurer.

Oui, si nous voulons voir Dieu, il faut nous plonger dans la Trinité sainte qui demeure en nos cœurs.

Être dans le Royaume

Nous demeurons dans le Royaume. Les trois premières demandes du *Pater* sont théologales et nous attirent vers la gloire qui jaillit du Père.

« Que ton Nom soit sanctifié »

Sanctifier le Nom de Dieu, ce sera le reconnaître pour tel, c'est-à-dire pour Dieu, notre Créateur. C'est ainsi que nous irons à la source de l'adoration.

Le Nom de Dieu sanctifie, comme une Icône verbale, celui qui le porte au plus profond de lui-même.

La présence du Père irradie les visages de ceux qui se laissent sanctifier par lui.

« Que ton règne vienne »

Nous sommes dans la prière du Christ qui n'a voulu faire que la volonté de son Père. Mais voulons-nous vraiment que le Règne de Dieu vienne ? Pour faire advenir le Règne, il ne nous sera pas demandé de quitter notre foyer pour devenir des missionnaires, mais bien plutôt de faire place, chaque jour, à cet esprit de détachement qui, en nous libérant de nous-mêmes, nous permet de suivre le Christ et, du même coup, de nous ouvrir à notre prochain.

Commençons par nous offrir sans réserve au Père pour qu'il puisse nous pénétrer de son action. C'est ainsi que nous participerons à la venue de son règne.

***« Que ta volonté soit faite
sur la terre comme au ciel »***

En faisant cette demande, nous acceptons d'être dans la main toute-puissante du Père et prêts à faire tout ce qu'il nous demandera. Parce que sa volonté est imprévisible, elle exige de nous un abandon total et sans réserve. Dans la trame mystérieuse de notre vie, invisiblement, Dieu passe à chaque instant. Soyons attentifs à ce passage !

« Donne-nous aujourd'hui notre pain de ce jour »

Le Père désire que nous lui demandions la nourriture. Il veut être considéré d'abord comme Celui qui pourvoit à notre vie et il entend être lui-même ce pain quotidien :

« Qui mange ma chair et boit mon sang a la vie éternelle » (*Jn* 6,54).

Quelle audace ! Nous osons dire à Dieu : donne-nous ! N'est-ce pas voir en lui un Père et attendre de lui qu'il subvienne à notre vie ?

Mais quel est ce pain ? Il est multiple : pain matériel quotidien, Pain de vie, Parole de Dieu, Sagesse, Pain de l'intelligence, volonté de Dieu…

Vous l'avez bien compris ; il ne s'agit pas ici d'une simple aumône, mais d'une nourriture quotidienne qui fortifie notre corps pour qu'il devienne un instrument plus efficace au service de notre âme qui, elle-même, est au service de Dieu.

Pour demeurer fidèle au Père chaque jour, il faut cette manne ; manne de la fidélité à l'Alliance, aux responsabilités et aux petites choses ; la manne des rencontres, de l'amitié, des regards et des sourires qui disent : « Je t'aime » et réchauffent le cœur.

Cette demande du *Pater* exprime ainsi notre confiance et notre abandon.

Nous cherchons toujours à engranger, à faire des réserves… Mais n'est-ce pas une peur de manquer ?

Nous le croyons, le Père ne peut pas nous abandonner. Il nous comblera quotidiennement.

« Ma nourriture, c'est de faire la volonté de celui qui m'a envoyé » (*Jn* 4,34).

Demander chaque jour notre pain, c'est nous engager à chercher et à trouver, dans ce que cette journée nous apportera, le pain qui nous convient le mieux. Celui qui fait de la volonté de Dieu son pain quotidien vient à la vérité de son être et fraye la voie de l'amour en lui et chez ses frères.

Si on se rendait compte de la portée de cette demande, on en mourrait d'amour !

« Pardonne-nous nos offenses, comme nous pardonnons à ceux qui nous ont offensés »

Cette demande est celle d'un secours spirituel. Nous avons notre péché devant les yeux et nous voulons vivre la béatitude du pardon. Mais ai-je foi en l'amour miséricordieux ? Il y a, dans le sang du Christ, une puissance de rédemption capable d'élever en un instant l'âme la plus pécheresse jusqu'à la plus haute sainteté.

Il nous faut redécouvrir les miséricordes de Dieu ; c'est là que nous découvrons le vrai visage du Père. S'il a envoyé son Fils dans le monde, ce n'est pas pour nous juger, ni nous donner des leçons de morale, mais pour nous guérir et nous sauver. Or le Christ nous guérit en nous rejoignant dans nos blessures et en nous révélant le visage de tendresse du Père. Ce qui fait la toile de fond de l'amour miséricordieux, c'est que Dieu est séduit par la pauvreté et le dénuement de l'homme. Le Cœur de Dieu, dit le saint curé d'Ars, transpire la miséricorde ; le mystère de la miséricorde est celui de la blessure du cœur de Dieu devant ceux qui se perdent.

Le pardon de Dieu apporte la paix, non seulement parce qu'il nous donne l'assurance que notre péché est effacé, mais parce qu'il nous réintroduit dans l'amitié divine et nous y fait progresser.

« Pardonne-nous comme nous pardonnons »

La formule est comme inversée. Apprends-nous à pardonner avec l'aide de ton pardon, car le nôtre est souvent un pardon au rabais.

Il y a un appel à donner un pardon qui engage tout notre être. Il ne s'agit pas d'un pardon prononcé du bout des lèvres. Il doit être donné du fond du cœur ; nous sommes au cœur de la charité.

« Si Dieu nous a tant aimés, nous devons, nous aussi, avoir de l'amour les uns pour les autres. Si nous nous aimons les uns les autres, Dieu demeure en nous. En nous son amour est accompli » (*1 Jn* 4,11-12).

C'est à cette lumière que doit être priée cette nouvelle demande qui nous rappelle ce qu'il y a de plus difficile dans l'amour du prochain… Mais il n'y a pas de limite dans la pratique de la charité.

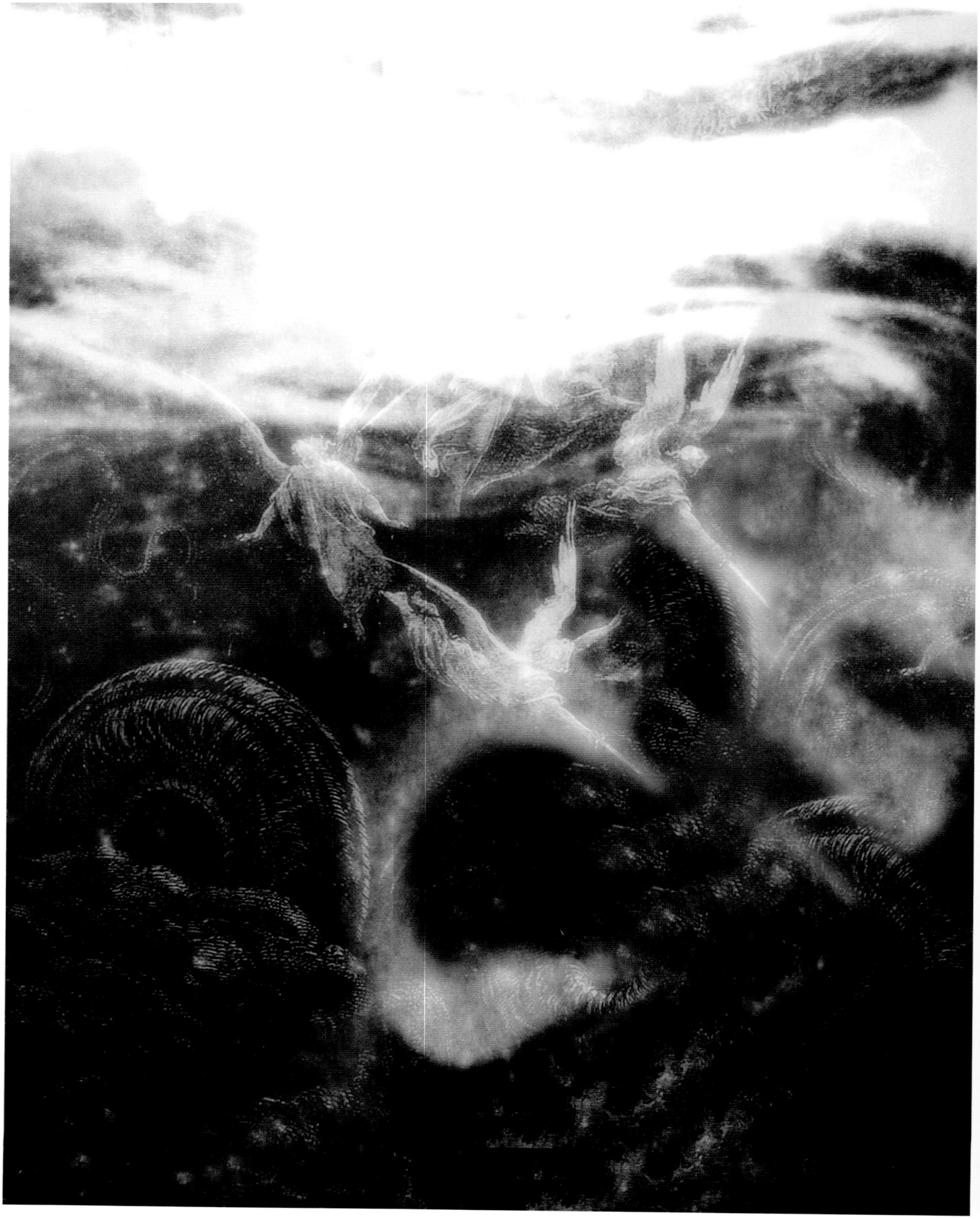

« Ne nous soumets pas à la tentation »

Il faudrait traduire : « Ne nous laisse pas succomber à la tentation. » Nous demandons ainsi au Père de ne pas nous laisser prendre le chemin qui conduit au péché.

Après avoir fait appel à la Providence divine pour obtenir le pain de notre corps et celui de notre âme, après lui avoir demandé de verser en nous, avec le pardon de nos fautes, la charité, voici maintenant que nous nous plaçons sous le rayon de la lumière divine, dans le mystère même de notre liberté.

Nous connaissons des tentations difficiles ; c'est là le combat spirituel. Mais n'oublions pas que le Christ a vécu les tentations pour que nous sachions discerner le mensonge du Malin et que nous en sortions victorieux. Oui, la tentation a été victorieusement traversée, et le fruit de cette victoire est là. Le Christ est mort, mais le monde est à jamais sauvé !

Pour ne pas emprunter le chemin qui conduit au péché, il ne suffit pas de s'y opposer, ni d'éviter les occasions, il faut redresser tout l'ensemble de notre nature.

« Veillez et priez » a dit le Christ. « Priez », c'est-à-dire placez-vous sous la lumière de Dieu et l'action de grâce. « Veillez », c'est-à-dire faites un examen de conscience attentif et loyal. Si nous veillons, c'est afin de nous apercevoir de l'intervention de l'ennemi. Malheureusement, nous aimons jouer avec lui et nous nous laissons prendre. Avec le péché, l'illusion s'écroule et arrive le découragement ou l'endurcissement.

Une tentation n'est surmontée que grâce à un acte de foi, d'obéissance, de confiance et d'amour.

En ne nous laissant pas succomber à la tentation, Dieu nous met sous la conduite de son Esprit Saint.

« Cette demande du *Pater*, dit le *Catéchisme de l'Église catholique*, prend tout son sens dramatique par rapport à la tentation finale de notre combat sur terre ; elle demande la persévérance finale. Je viens comme un voleur ; heureux celui qui veille » (*CEC* 2849).

« *Mais délivre-nous du mal* »

Cette demande est celle de Jésus dans sa prière sacerdotale :
« Je ne te demande pas de les retirer du monde, mais de les garder du Mauvais » (*Jn* 17,15).

Ainsi nous ne demandons pas simplement d'être délivrés de nos difficultés, mais de Satan, le Mauvais, qui se jette en travers du dessein d'amour du Père et de son œuvre de salut qui est déjà accompli dans le Christ.

Le problème du mal nous oblige à nous tourner vers le Père, en tant qu'il est la vie, et la victoire de la vie sur la mort. Dans la mesure où nous comprenons que le péché et le mal sont la véritable mort, nous comprendrons que Dieu est la véritable vie.

Par la grâce du baptême, nous ne sommes plus sous le signe du péché et de la mort, mais sous le signe de Celui qui est mort au péché et à la mort. Certes, notre existence est mortelle, mais c'est une existence saisie dans la victoire du Christ, promise à la vie qui y fait déjà son œuvre.

Cette ultime demande du Notre-Père nous jette devant la Croix où le péché est tout ensemble expié et absorbé dans la victoire du Crucifié. Ce mal n'a pu être vaincu que par la mort, l'amour qui donne sa vie, afin que nous recevions la vie. C'est ainsi que cette demande a pour but de provoquer en nous un regard plein de reconnaissance, de confiance et d'amour en Celui qui est et qui nous sauve.

Oui, « délivre-nous du mal ». Toi seul, Seigneur peux pénétrer dans cet abîme, toi seul es plus grand et plus puissant que ce mystère du mal, plus puissant aussi que l'adversaire qui nous tient prisonnier et nous tourmente.

Fais grandir en nous la foi en ton amour miséricordieux.

La Prière de Jésus

Après avoir médité le *Notre-Père*, la prière source, nous allons partir pour l'Orient, en découvrant « la prière de Jésus ».

L'éducation du cœur passe par la prière intérieure ; en interrogeant la tradition des Pères d'Orient, nous allons découvrir une forme de prière qui va peut-être bousculer notre façon de prier.

La forme normale de la prière, au moins dans les premières phases de la vie spirituelle, est la prière vocale. Pour qu'elle soit authentique, il faut que l'esprit et le cœur se mettent à l'unisson des paroles. L'attention est donc indispensable ! Si nos pensées vagabondent, il faut revenir au texte sacré. On apprend ainsi à persévérer et à être vigilant dans la prière.

Cette « prière de Jésus », appelée aussi « prière du cœur », consiste à répéter sans cesse la formule : « Seigneur Jésus Christ, Fils de Dieu, aie pitié de moi, pécheur » c'est le cri de l'aveugle de Jéricho ; c'est le *Kyrie eleison* de notre liturgie.

Les mots de la formule peuvent varier, mais il est recommandé de s'en tenir à une formule brève et fixe.

« La prière de Jésus » doit se fixer sur le rythme de la respiration ; en effet, la fonction respiratoire est liée à la circulation du sang, au rythme du cœur, aux fibres les plus profondes de l'être. En fixant la prière sur le rythme respiratoire, l'esprit s'apaise, trouve le repos. Il se débarrasse de l'agitation du monde extérieur, il se purifie du mouvement désordonné des pensées, des images, des représentations, des idées. Il s'intériorise, il s'unifie en même temps qu'il prie avec le corps et s'incarne.

Dans la profondeur du cœur, l'esprit et le corps retrouvent leur unité originelle, l'être humain recouvre sa simplicité. Pourquoi ne pas essayer, surtout quand on a tant de mal à descendre en son cœur ?

« Seigneur Jésus Christ, Fils de Dieu, aie pitié de moi. »

L'hésychia, (du grec *hêsukhia*, repos) est la recherche du Seigneur en son cœur. Il s'agit de garder son cœur dans la prière et de s'y retrouver constamment à l'intérieur.

Cet exercice spirituel n'est pas une technique psychosomatique, apparentée à celles d'autres religions orientales. C'est la garde du cœur, la vigilance de la prière qui veut devenir incessante en pénétrant aux sources même du cœur.

Le nom de Jésus

Tout comme la « prière du cœur », il s'agit d'une invocation incessante du nom de Jésus : « Quiconque invoquera le nom du Seigneur sera sauvé » (*Ac* 2,21).

En effet, le nom de Jésus sauve, guérit, chasse les esprits impurs et purifie le cœur. Cette prière s'appuie sur les exhortations pauliniennes :

« Priez sans cesse » (*1 Th* 5,17).

« Faites en tout temps par l'Esprit toutes sortes de prières » (*Ep* 6,18).

Le Christ, lui-même, nous exhorte à prier et ne point relâcher (*Lc* 18,1).

« Veillez et priez en tout temps » (*Lc* 21,36).

Il suffit de redire le nom de Jésus, avec votre respiration, le temps qu'il faut pour descendre en votre cœur.

Pour construire la personne dans la grâce, il faut retrouver un rapport harmonieux entre l'intelligence et le cœur. Dans ce chemin d'intériorité, il ne s'agit pas de se fermer au monde extérieur, mais d'éviter de se disperser dans ce monde. Le lieu de cet éparpillement est la tête. Il faut donc apprendre à s'éloigner de l'agitation des pensées.

Cette prière obtient la guérison du cœur qui illumine alors tout l'être :

« Lorsque l'intelligence et le cœur sont unis dans la prière et que les pensées de l'âme ne sont pas dispersées, le cœur se réchauffe d'une chaleur spirituelle, et la lumière du Christ y resplendit, remplissant de paix et de joie l'homme intérieur » (saint Séraphim de Sarov).

Si l'Occident met l'accent sur les nuits obscures, l'Orient insiste sur l'illumination et la transfiguration de tout l'être.

Pour qu'il y ait illumination, il faut chasser l'obscurité par la contrition et la vraie repentance.

Ainsi, l'Esprit Saint réconcilie l'esprit et le cœur, le corps et l'âme et nous entrons dans la dynamique de la ressemblance divine.

ΜΡ
ΘΥ

Les fruits de la prière du cœur

Le premier fruit est un certain appauvrissement de l'intelligence discursive. Nous verrons un peu plus loin combien cela sera utile dans l'oraison.

Cette prière du cœur est extrêmement courte, son contenu conceptuel est pauvre et en même temps il renferme tout. C'est la simple supplication de l'âme en face du Christ.

Elle apporte une très grande simplification de l'activité mentale et achemine vers la découverte de ce désir profond, inscrit au fond de notre cœur, qui est l'essence même de la prière.

« Ta prière, c'est ton désir » disait saint Augustin.

Le deuxième fruit est l'unification intérieure qui sera le meilleur moyen de lutter contre les distractions, au lieu de les chasser, comme nous en avons l'habitude, mais qui finalement les alimente.

« Partir à la chasse des distractions serait tomber dans leurs pièges, alors qu'il suffit de revenir à notre cœur » (*CEC* 2729).

Cette prière a un effet apaisant sur notre être profond ; le meilleur moyen de recueillement, c'est la tranquillité même de la récitation, sa monotonie et cette attention portée aux mots : être là devant le Seigneur, comme un pauvre.

Enfin, le troisième fruit est de mettre le nom de Jésus au centre de notre vie spirituelle. Le nom de Jésus est comme une icône verbale. Ce nom divin est l'énergie divinisante du Christ Ressuscité. C'est une sorte de sacrement, de réalité sensible toute pénétrée de la présence agissante du Christ.

Cette « prière du cœur » trace le chemin de la spiritualité orientale qui comprend trois étapes : le repentir, l'unification au creuset de la grâce et la participation à la lumière, favorisés par la rencontre personnelle avec le Christ, face au Père, dans le royaume de l'Esprit.

L'icône

Avant de quitter l'Orient, consacrons quelques lignes à l'icône. L'Occident a retrouvé la place de l'icône dans la vie spirituelle.

L'icône n'est pas un élément décoratif du salon et de la chambre.

Il s'agit de découvrir la présence divine dans l'icône. On admire un tableau sacré pour sa qualité esthétique ; on est aidé par une image de piété pour le sentiment religieux qu'elle suscite ; mais on prie devant une icône, car elle est un appel mystique.

L'icône ne vise pas à reproduire le réel, mais à communier avec l'Invisible présent. Si l'icône n'a pas de perspective, c'est parce qu'elle nous introduit aux perspectives de la profondeur de Dieu. Elle est toujours intemporelle parce qu'elle est évocatrice de l'éternel.

On regarde une image, un tableau ; mais on est regardé par les yeux du Christ, le Pantocrator.

Il s'agit tout d'abord de se mettre en présence ; pour cela, il faut fixer son regard sur l'icône, ouvrir son cœur pour entrer dans cette synergie. Car l'icône est vraiment la présence du Christ en son incarnation. Elle est marquée par la prière de celui qui a écrit l'icône.

Lors de la bénédiction, le prêtre dit :

« Daigne, Ô Sanctificateur tout-puissant, bénir, consacrer et sanctifier cette icône sainte, peinte à la ressemblance du Christ… Que tous ceux qui s'en approchent avec foi et piété obtiennent de Toi la protection matérielle, la grâce du très Saint Esprit et la gloire éternelle », puis il fait trois onctions en forme de croix sur l'icône. Ainsi, l'icône sanctifiée, sanctifie celui qui prie devant elle.

N'hésitez pas à prier devant une icône en fixant sur elle votre regard et vous verrez que, progressivement, vous serez regardés par le Christ. Qui regarde une icône finira par se sentir contemplé et transformé. En effet, celui qui cherche le Seigneur est trouvé par lui. Tel est le miracle de l'icône.

Hymne au Christ

Col *1,12-20*

Rendons grâce à Dieu le Père,
lui qui nous a donné
d'avoir part à l'héritage des saints, dans la lumière.

Nous arrachant à la puissance des ténèbres,
il nous a placés dans le Royaume de son Fils bien-aimé :
en lui nous avons le rachat, le pardon des péchés.

Il est l'image du Dieu invisible,
le premier-né, avant toute créature :
en lui, tout fut créé, dans le ciel et sur la terre.

Les êtres visibles et invisibles, puissances, principautés,
souverainetés, dominations, tout est créé par lui et pour lui.
Il est avant toute chose, et tout subsiste en lui.

Il est aussi la tête du corps, la tête de l'Église :
c'est lui le commencement,
le premier-né d'entre les morts, afin qu'il ait en tout la primauté.

Car Dieu a jugé bon qu'habite en lui toute plénitude
et que tout, par le Christ, lui soit enfin réconcilié,

faisant la paix par le sang de sa Croix,
la paix pour tous les êtres sur la terre et dans le ciel.

Les dons de l'Esprit

« Laissons-nous conduire par l'Esprit »...

Depuis le début de notre chemin spirituel, c'est bien l'Esprit Saint qui nous accompagne. En effet, comment reconnaître en Jésus le Fils de Dieu, si je n'ai pas l'Esprit ? N'est-ce pas l'Esprit qui me fait oser dire en vérité le *Notre-Père* ?

Alors prenons le temps de regarder les dons de l'Esprit que nous avons reçus le jour de notre confirmation et que nous avons peut-être oubliés !

L'esprit de piété qui permet une amitié avec Dieu. N'hésitons pas à l'invoquer et à le raviver au début de notre prière. Ce don commande nos relations avec les Personnes divines ; il garde notre âme dans une attitude religieuse respectueuse et spontanée de Dieu.

Oui, avec ce don, comme avec *l'esprit d'adoration*, nous nous sentons chez nous dans la famille de la Trinité.

L'esprit de conseil est la réalisation de cette vie trinitaire au milieu des contingences d'une vie humaine. Ce don nous dicte le chemin à suivre, en nous manifestant la volonté de Dieu. N'attendons pas de visions... Dieu parle par les événements, à travers sa Parole.

Si le Christ nous a envoyé le Paraclet, c'est pour qu'il nous achemine vers l'éternelle vie par les sentiers de Dieu. Mais, sur ces sentiers, nous avons besoin de *l'esprit de force*, si utile dans le combat spirituel.

Quant à *l'esprit de science*, il nous aide à découvrir, à travers toutes choses, la face de Dieu. Le temps est court ; la figure de ce monde passe (*1 Co* 7,29-31). Alors ne gaspillons pas notre vie.

L'esprit d'intelligence est un regard simple et contemplatif sur le mystère de Dieu. Ce don entrouvre à nos regards éblouis tout ce monde surnaturel.

Pour cela, nous avons besoin aussi de *l'esprit de sagesse* qui a un rôle contemplatif et apostolique.

Faisons appel à ces dons qui nous aideront à retrouver et prendre cette attitude de fils adoptifs.

« *Viens, Esprit Saint, en nos cœurs* »

Après avoir ravivé nos dons de l'Esprit, nous pouvons alors méditer la séquence de la fête de la Pentecôte, véritable renouvellement de tout notre être.

Viens, Esprit Saint, en nos cœurs
et envoie du haut du ciel
un rayon de ta lumière.

L'Esprit est déjà en nos cœurs par la grâce du baptême et de la confirmation. Mais il doit venir continuellement du cœur de Dieu pour qu'il nous envahisse progressivement. N'oublions pas que la venue de l'Esprit est dynamique. Ce rayon de la lumière va illuminer nos visages, n'en doutons pas, car le Seigneur tient ses promesses et répond à une telle prière.

Viens en nous, père des pauvres,
Viens, dispensateur des dons,
Viens, lumière de nos cœurs.

Commençons par demander la grâce de la pauvreté du cœur ; c'est, en effet, l'attitude qui nous permet de tout recevoir de Dieu. En cette pauvreté, Dieu creuse en nos cœurs un désir, une soif de lui. Plus on s'approche de la sainteté de Dieu, plus on expérimente cette pauvreté.

Si nous regardons cette pauvreté, il nous faut contempler, en même temps, l'amour miséricordieux.

« L'Esprit Saint vient en aide à notre faiblesse » (*Rm* 8,26), et notre pauvreté se trouve transformée par la puissance du Christ ressuscité.

Quand toutes nos prétentions à réaliser notre sainteté par nous-mêmes seraient épuisées et que nous serions nous-mêmes épuisés, Dieu transformera notre faiblesse en force. Oui, viens, lumière de nos cœurs, pour nous faire comprendre que Dieu vient mendier cette pauvreté.

Alors, rejoignons cette blessure, inconnue aux yeux du monde et où nous attend le cœur miséricordieux du Christ.

Seul l'Esprit peut nous y conduire !

Laisser parler l'Esprit Saint

Consolateur souverain, hôte très doux de nos âmes, adoucissante fraîcheur.

Nous avons besoin d'être consolés ! Le Christ est désormais à la droite du Père ; il faut nous initier à de nouveaux rapports avec lui, à cette intimité spirituelle. Il nous faut un regard illuminé par l'Esprit Saint pour déceler la présence mystérieuse au cœur de notre vie.

L'essentiel est invisible aux yeux. On ne voit bien qu'avec le cœur, car la présence est désormais intérieure. La présence de l'Esprit renouvelle au plus intime la présence du Christ. Nous connaissons l'Esprit par son doux murmure qui brise la dureté de nos cœurs et les attendrit par sa douceur.

Dans le labeur, le repos ; dans la fièvre, la fraîcheur ; dans les pleurs, le réconfort.

À nous qui connaissons peut-être la fatigue, la lassitude, l'ennui… l'Esprit nous est donné. « Venez à moi, vous tous qui peinez sous le poids du fardeau » (*Mt* 11,28).

Quelle belle espérance ! Il nous faut renouveler notre confiance.

« C'est par la confiance et rien que par la confiance qu'on arrive à l'amour » (sainte Thérèse de l'Enfant-Jésus). Il s'agit d'être des mendiants de la grâce, c'est un chemin spirituel pauvre, petit comme un grain de sénevé !

Ô lumière bienheureuse, viens remplir jusqu'à l'intime le cœur de tous les fidèles.

Nous demeurons dans la lumière, car l'Esprit illumine. Percevons les mouvements de l'Esprit en nous pour décrypter la Parole personnelle que Dieu nous adresse. C'est là le discernement spirituel ! C'est l'œuvre de toute une vie. Il vise à former en nous un cœur qui reconnaît l'action de l'Esprit.

Être docile à l'Esprit

Sans ta puissance divine, il n'est rien en aucun homme, rien qui ne soit perverti.

Quand on est jeune, on a des forces à revendre ! On se donne plus volontiers à 20 ou 30 ans ! Mais après ? Quand on continue à être donné après tant d'années, c'est le signe que le Saint-Esprit a dû s'en mêler ! La fidélité est le fruit de l'Esprit. Ne nous faisons pas d'illusions : c'est bien l'œuvre de l'Esprit et non la nôtre !

Lave ce qui est souillé, baigne ce qui est aride, guéris ce qui est blessé.

C'est le don de l'Esprit qui purifie nos zones de ténèbres. C'est l'Esprit qui prie en moi et c'est ainsi que les aridités dans l'oraison redeviennent de frais pâturages où il fait bon se reposer.

Si nous osons présenter à l'Esprit nos blessures, elles seront guéries, car le Christ est venu nous rejoindre précisément là.

Assouplis ce qui est raide, réchauffe ce qui est froid, rends droit ce qui est faussé.

Nous connaissons nos raideurs, et parfois il n'y a pas que la nuque ! La raideur vient de notre orgueil. Nous voulons toujours avoir raison ! Raideur dans nos relations humaines ; raideur avec le Seigneur, en négociant sans cesse avec lui. S'il y a des raideurs, il y a aussi des zones tordues…

Notre cœur, notre foi peuvent être tordus… Seigneur, rends-les droits !

À tous ceux qui ont la foi et qui en toi se confient donne tes sept dons sacrés.
Donne mérite et vertu, donne le salut final, donne la joie éternelle.

Prions chaque jour cette séquence pour permettre aux sept dons de se remettre au travail car nous allons les solliciter un peu plus. Par les vertus et les dons de l'Esprit, nous répondrons alors à notre vocation au bonheur.

Ô mon Dieu, Trinité que j'adore

Ô mon Dieu, Trinité que j'adore,
aidez-moi à m'oublier entièrement pour m'établir en vous,
immobile et paisible comme si déjà mon âme était dans l'éternité :
que rien ne puisse troubler ma paix ni me faire sortir de vous, ô mon Immuable,
mais que chaque minute m'emporte plus loin dans la profondeur de votre mystère !
Pacifiez mon âme, faites-en votre ciel, votre demeure aimée et le lieu de votre repos ;
que je ne vous y laisse jamais seul ; mais que je sois là tout entière,
Tout éveillée en ma foi, tout adorante, toute livrée à votre action créatrice.
Ô mon Christ aimé, crucifié par amour, je voudrais être une épouse pour votre cœur ;
je voudrais vous couvrir de gloire, je voudrais vous aimer… jusqu'à en mourir !…
Mais je sens mon impuissance, et je vous demande de me revêtir de vous-même,
d'identifier mon âme à tous les mouvements de votre âme,
de me submerger, de m'envahir, de vous substituer à moi,
afin que ma vie ne soit qu'un rayonnement de votre Vie.
Venez en moi comme Adorateur, comme Réparateur et comme Sauveur.
Ô Verbe éternel, parole de mon Dieu, je veux passer ma vie à vous écouter,
je veux me faire tout enseignable afin d'apprendre tout de vous ;
puis à travers toutes les nuits, tous les vides, toutes les impuissances,
je veux vous fixer toujours et demeurer sous votre grande lumière,
Ô mon Astre aimé, fascinez-moi pour que je ne puisse plus sortir de votre rayonnement.
Ô Feu consumant, Esprit d'amour, survenez en moi afin qu'il se fasse en mon âme
comme une incarnation du Verbe ; que je lui sois une humanité de surcroît
en laquelle il renouvelle tout son mystère.
Et vous, ***ô Père,*** penchez-vous vers votre pauvre petite créature,
couvrez-la de votre ombre, ne voyez en elle que le Bien-aimé
en lequel vous avez mis toutes vos complaisances.
Ô mes « Trois », mon Tout, ma Béatitude, Solitude infinie, Immensité où je me perds,
je me livre à vous comme une proie, ensevelissez-vous en moi pour que je m'ensevelisse en vous,
en attendant d'aller contempler en votre lumière l'abîme de vos grandeurs.

Bienheureuse Élisabeth de la Trinité

Entrer dans le mystère

Les pages qui vont suivre veulent nous aider à entrer plus profondément dans la prière liturgique.

Pour cela, commençons par le mystère. La liturgie nous dépassera toujours, car elle nous fait passer du visible à l'invisible.

Par la liturgie terrestre, nous avons un avant-goût de la liturgie céleste qui est célébrée sans cesse dans la sainte cité de Jérusalem à laquelle nous tendons.

Pour que transparaisse l'œuvre divine au cœur de la liturgie, il ne faut pas de la créativité subjective, mais de la fidèle répétition. C'est pourquoi la liturgie ne vieillit jamais car elle est le signe, dans le temps et l'espace, de la fidélité de Dieu lui-même ; la véritable créativité provient du cœur toujours renouvelé dans l'amour.

Les mystères sont célébrés « pour la louange de Dieu et la sanctification du peuple chrétien ».

Nous célébrons toujours pour la louange de Dieu, c'est-à-dire tournés vers le Seigneur. Toute liturgie est une ouverture sur l'éternité et une irruption de l'Éternel dans le temps. Pour cela :

- Prenez le temps de préparer vos cœurs pour vivre la liturgie.
- Préparez les lectures qui seront lues lors de la messe dominicale.
- Arrivez avant l'heure, pour vous installer dans ce nouvel espace.
- Essayez de libérer votre esprit, en désencombrant votre cœur et en vous mettant en présence du Seigneur.
- Entrez dans le silence et le recueillement.

Pour que notre liturgie soit mystère, il faut mettre en valeur la beauté, celle des ornements, des objets servant au culte, des chants et de la musique, des fleurs… tout cela exprime la verticalité et la sanctification.

N'oubliez pas de prier pour vos prêtres qui ont pour mission de célébrer les mystères du Christ.

Le jeudi saint

« Il n'est pas de plus grand amour que de donner sa vie pour ses amis » (*Jn* 15,13).

Avant d'entrer dans le mystère eucharistique, arrêtons-nous sur le jeudi saint, jour de l'institution du sacerdoce et de l'Eucharistie. La liturgie est sans doute l'une des plus belles, avec le rite du lavement des pieds qui rappelle à tous les prêtres qu'ils sont d'abord des serviteurs, à l'école du Maître.

Mais ce geste est celui qui nous enseigne que l'Eucharistie est don de nous-mêmes. Lors de la Cène, le Christ, en instituant l'Eucharistie, a décidé de se livrer librement à son Père pour le salut des hommes.

C'est dire que l'Eucharistie est non seulement participation au banquet des Noces de l'Agneau, mais également participation au sacrifice du Christ.

Le vendredi saint, le Christ est monté en croix par amour et le Père a répondu à son sacrifice d'amour par la Résurrection.

Ainsi, quand nous participons activement à la messe, nous nous offrons au Père avec le Christ et dans l'Esprit, car telle est notre vocation ; en recevant le Corps du Christ, nous sommes appelés à devenir « corps » et à partager l'amour reçu.

C'est pourquoi l'Eucharistie est source et sommet de toute évangélisation. Plus l'amour pour l'Eucharistie sera vivant dans notre cœur, plus le devoir de la mission sera clair pour nous : porter le Christ. Celui qui ne communique pas la vérité de l'Amour à son frère n'a pas encore assez donné.

Il s'agit de trouver continuellement, dans le sacrement de l'amour du Christ, l'énergie pour transformer notre vie en un signe authentique de la présence du Seigneur ressuscité.

Que de fidèles ont l'impression que la participation à la messe ne change rien en leur vie ! Il leur faut alors reprendre dans leur prière le chapitre XV de saint Jean et demander au Christ, la grâce de le suivre jusqu'au bout.

La liturgie de la Parole

Ce qui est premier dans le mystère, c'est le mouvement d'amour par lequel le Père nous donne sa Parole. Il s'agit de se convertir pour accueillir la Parole. La conversion nous ouvre à l'adoration. C'est pourquoi, après le chant du *Kyrie*, nous proclamons le *Gloria*.

Adorer et retrouver son cœur sont le flux et le reflux de la prière de l'Église quand l'Esprit lui révèle son Seigneur qui vient. L'adoration sans conversion du cœur serait une hypocrisie, mais une conversion sans exode vers l'amour du Père serait une illusion moralisante et désespérante.

La réforme liturgique nous a permis d'avoir contact avec le trésor des Écritures. Tout comme les disciples d'Emmaüs, le Christ lui-même nous montre comment l'Ancien Testament – la première lecture et le psaume – conduit au mystère de sa personne (*Lc* 24,27).

Cet enseignement du Seigneur fait brûler le cœur des disciples qui lui demandent de rester avec eux. La table de la Parole conduit à la table eucharistique. D'où l'importance d'arriver à l'heure et même un peu avant l'heure !

Mais comment écouter la Parole ? Disponibilité du cœur, écoute recueillie, silence méditatif… posez-vous la question : quel est le problème spirituel soulevé par les textes que vous venez d'entendre ? Comment ce passage de l'Écriture concerne-t-il ma vie ?

Il y a une logique spirituelle et il nous faut accueillir le don de l'Esprit pour nous permettre de vivre l'impossible. Chaque dimanche est une étape… il ne faut pas en sauter une si vous souhaitez entrer dans la pédagogie propre à la Parole. Les trois années proposent une véritable initiation au chemin qui conduit au Christ.

Le texte est toujours nouveau et chaque fois le Christ nous pose la question : « Que veux-tu que je fasse pour toi ? Qu'est-ce que tu attends de moi ? »

Et la seule réponse est l'annonce du mystère du Christ.

La première procession

(Procession du pain et du vin)

Saint Augustin parle d'une double procession, celle des oblats et celle de la communion : admirable échange où le Christ a pris notre humanité pour que nous puissions revêtir sa divinité.

Si de nombreux fidèles s'ennuient à la messe, c'est parce qu'ils passent à côté de cette première procession. Certes, il y a la quête ! Mais l'essentiel est dans notre cœur : qu'allons-nous apporter aujourd'hui au Seigneur ? Il faut que cela soit concret ! Notre travail, nos soucis, nos joies, telle ou telle personne que nous nous sommes engagés à porter dans notre prière, notre vie, notre cœur, notre corps qui doit être aussi un lieu d'offrande.

Ce sont aussi nos pauvretés que nous apportons ! Mais n'oublions pas que Dieu est mendiant de notre pauvre amour.

Dans l'Eucharistie, le Fils s'offre à son Père et il nous saisit dans son acte d'offrande. En effet, comment pourrions-nous nous offrir à Dieu, notre Créateur ?

L'acte d'offrande que nous ferons dans l'oraison et que je développerai un peu plus loin prend ici sa source.

Le prêtre, dans la Prière eucharistique, avec l'invocation à l'Esprit Saint que nous appelons « épiclèse », dit : « Que l'Esprit Saint fasse de nous une éternelle offrande à ta gloire, pour que nous obtenions un jour les biens du monde à venir auprès de la Vierge Marie. »

Telle est notre vocation ! Nous avons été créés pour rendre gloire et rendre grâce. L'orgueilleux s'attribue la gloire ; il n'a pas de reconnaissance envers son Créateur. En revanche, l'humble rend la gloire reçue à son Seigneur, pour en recevoir davantage. C'est ainsi que nous allons de gloire en gloire et de grâce en grâce.

Le saint est illuminé par la gloire qui est l'irradiation de son amour, dans son action de grâce.

Si vous voulez emprunter ce chemin, vivez alors l'offertoire.

Il est là !

Tel était le mot du curé d'Ars à ses paroissiens en montrant le saint sacrement.

Il n'est pas question de faire ici la théologie de la transsubstantiation, mais bien plutôt de prendre conscience de la présence réelle du Seigneur sur l'autel après les paroles de la consécration.

Les mots nous manquent pour parler de cette présence. J'aime reprendre les catéchèses des Pères : « Tu dis peut-être : c'est mon pain ordinaire. Mais ce pain est du pain avant les paroles sacramentelles ; dès que survient la consécration, le pain se change en la chair du Christ… c'est la parole du Christ qui produit ce sacrement » (saint Ambroise).

Efficacité de la Parole du Seigneur : le Christ est vraiment là ! Ce n'est pas la communauté qui fait la présence ; ce n'est pas le sens ni la foi que vous y mettez ! Le Seigneur est vraiment présent sur l'autel.

Vous comprenez alors pourquoi la liturgie doit être belle. Nous serons toujours dépassés par ce don inouï : Dieu se donne à nous ! Il accepte de se donner à travers l'hostie pure et sainte, avec tous les risques possibles.

« Si on comprenait la messe, disait encore le curé d'Ars, on en mourrait d'amour. »

Dieu se fait si proche de nous ! Désormais, nous pouvons le voir.

La Préface et la Prière eucharistique ont préparé nos cœurs à cette présence.

Soignons notre attitude : que notre corps traduise notre adoration ; que notre cœur soit présent à cette présence réelle. Pour cela, fixons les yeux sur l'hostie et le calice que le prêtre nous montre.

Surtout, en nos cœurs, en silence, disons avec le prêtre : « Ceci est mon Corps, ceci est mon Sang. » Car cette Parole du Christ est aussi la nôtre puisque nous sommes saisis dans l'acte d'offrande présenté au Père par son Fils bien-aimé.

« Seigneur, je crois que tu es présent, je t'adore et je t'aime de tout mon cœur. »

Deviens ce que tu reçois

Voici la seconde procession ; si, à l'offertoire, nous avons offert nos pauvretés, à la communion, nous recevons nos pauvretés transformées en richesses.

Admirable échange, où Dieu s'est fait homme pour que l'homme devienne Dieu ; non pas prendre sa place, mais le voir face à face. Et « en le voyant tel qu'il est, nous lui serons semblables éternellement ».

Comment recevoir le Corps du Christ ?

• Reconnaître son indignité, mais avoir confiance en la miséricorde du Seigneur : « Seigneur, je ne suis pas digne de te recevoir, mais dis seulement une parole et je serai guéri. »

• En s'approchant, faire un geste de vénération, inclinaison ou génuflexion, et regarder le saint sacrement que le prêtre vous présente. Vous pouvez recevoir le Seigneur de deux façons : directement sur les lèvres ou sur la main, ce que faisaient nos pères dans la foi dans les premiers siècles : « Quand tu t'approches, ne t'avance pas avec les paumes des mains étendues ni les doigts disjoints ; mais fais de ta main gauche un trône pour ta main droite, puisque celle-ci doit recevoir le Roi, et, dans le creux de ta main, reçois le Corps du Christ, en disant : Amen » (saint Cyrille de Jérusalem).

Il est bien de vérifier notre façon de communier, pour que ce geste soit signe de notre foi en la présence réelle.

Le « Amen » est une profession de foi ; un engagement à vivre en conformité avec cette réalité à laquelle on adhère.

« Avec soin, sanctifie tes yeux par le contact du Saint Corps ; puis prends-le et veille à n'en rien perdre… Si l'on t'avait donné des paillettes d'or, ne les retiendrais-tu pas avec le plus grand soin, prenant garde d'en rien perdre ? Ne veilleras-tu donc pas avec beaucoup plus de soin sur un objet plus précieux que l'or et que les pierres précieuses, afin de n'en pas perdre une miette ? » (saint Cyrille de Jérusalem).

Quelle belle catéchèse du IVe siècle qui annonce en quelque sorte l'adoration eucharistique qui n'apparaîtra qu'au Xe siècle. Voir le Christ réellement présent en son Eucharistie sanctifie les yeux.

• Enfin s'enfouir en son cœur pour demeurer avec le Seigneur. Oui, « deviens ce que tu reçois », telle est notre prière.

Prière à Jésus Hostie : « Adoro Te »

Je vous adore avec amour, ô Dieu caché
Réellement présent sous ces apparences ;
Mon cœur se soumet à vous tout entier,
Car, en Vous contemplant, il déborde de bonheur.
La vue, le toucher, le goût ne font ici que nous tromper,
Mais nous croyons fermement ce que nous avons entendu.
Je crois tout ce qu'a dit le Fils de Dieu
Rien n'est plus vrai que cette Parole de vérité.
Sur la Croix, seule la divinité était cachée,
Mais ici, l'humanité aussi se cache ;
Je crois pourtant à toutes les deux et je le proclame,
Et je demande ce que demandait le larron repentant.
Je ne vois pas vos plaies, comme saint Thomas,
Je proclame pourtant que vous êtes mon Dieu.
Faites que je croie toujours plus en Vous,
Que j'espère en vous et que je Vous aime.
Ô mémorial de la mort du Seigneur,
Pain vivant qui donnez la Vie aux hommes,
Faites que mon âme trouve la Vie en Vous
Et goûte toujours combien Vous êtes doux.
Seigneur Jésus, Pélican plein de bonté,
De mon impureté purifiez-moi par votre Sang
Dont une seule goutte suffirait
Pour sauver le monde de tous ses péchés.
Jésus, que je contemple aujourd'hui voilé,
Je Vous en prie, réalisez mon ardent désir :
Qu'un jour j'aie le bonheur de Vous voir
Face à face, dans votre gloire. Amen.

Saint Thomas d'Aquin

Prier la parole de Dieu

« Il convient que les chrétiens reviennent à la Bible avec une attention renouvelée. En effet, dans le texte révélé, c'est le Père céleste lui-même qui, avec amour, vient à notre rencontre et s'entretient avec nous, en nous manifestant la nature de son Fils unique et son dessein de salut pour l'humanité » (bienheureux Jean-Paul II).

La parole de Dieu ne peut jamais être comprise comme un exposé idéologique. Elle est avant tout un appel adressé à chacun d'entre nous afin que nous connaissions Dieu personnellement, que nous rencontrions le Christ et vivions pour lui et non plus pour nous-mêmes.

La Parole doit être lue dans la foi ; elle doit être pénétrée, sous l'action de l'Esprit Saint, comme une Parole venant de Dieu et conduisant à Lui. Il ne s'agit pas de chercher d'abord une connaissance intellectuelle, mais un engagement entre Dieu et nous, entre lui qui nous parle et nous qui l'écoutons.

La Parole n'est pas une collection d'écrits, mais une semence. Elle sanctifie parce qu'elle nourrit et alimente ceux qui la reçoivent ; elle illumine : « une lampe sur mes pas, ta Parole, une lumière sur ma route » (*Ps* 118,105), car elle dévoile le secret des choses. Elle se fait proche de nous, elle vient sur nos lèvres et dans nos cœurs, afin que nous puissions la mettre en pratique (*Dt* 30,4).

Dans l'Écriture, nous recevons le Christ comme nous le recevons dans l'Eucharistie. Quand nous ouvrons les pages de la Bible, nous nous trouvons face à un seul livre et ce livre unique est le Christ : « parce que toute la divine Écriture nous parle du Christ et toute la divine Écriture s'est accomplie dans le Christ ».

Si nous lisons la Parole avec ce critère unifiant, nous sommes de ceux qui enlèvent le voile de la face du Seigneur et qui savent reconnaître le Christ dans les Écritures.

Comme pour l'oraison et l'adoration eucharistique, il faut préparer nos cœurs avant de lire la Parole.

Nous rencontrons Celui qui nous aime et qui veut nous parler.

La Lectio divina

Comment s'y préparer ?

La *lectio divina* consiste à chercher le Christ : elle est une lecture suivie et divine, une parole priée. Les moines ont chaque jour un temps consacré à la *lectio* ; mais cela ne leur est pas réservé. Chaque chrétien devrait se nourrir des Écritures.

Toute lecture de la Parole est précédée d'un temps de prière, car il est important d'avoir un cœur libre. Alors le Christ se rend présent et lui-même explique la Parole.

Si la Parole est reçue sans préparation, sans foi, sans amour, sans connaissance, elle ne vivifie pas. La Parole entendue doit parler sans cesse ; elle doit être gardée et réveillée dans le cœur.

Le danger qui nous guette est l'écoute superficielle des Écritures. Rappelons-nous la parabole du semeur : « Quand l'homme entend la Parole du Royaume et ne comprend pas, c'est que le Malin vient et s'empare de ce qui a été semé dans son cœur » (*Mt* 13,19).

Pour s'y préparer :

- Commençons par poser un acte de foi : c'est le Seigneur présent qui parle.
- Présentons-nous alors avec nos limites et nos faiblesses, en demandant la grâce du pardon.
- Invoquons l'Esprit Saint, en lui demandant de nous illuminer afin que soit possible la rencontre avec le Seigneur.

Toute lecture de la Parole nécessite l'épiclèse – cette invocation à l'Esprit – car elle ne devient vivante que par l'Esprit. L'épiclèse produit en nous la docilité et l'illumination.

Sans l'Esprit, nous risquons d'enfermer l'Écriture dans nos schémas de lecture. On peut alors faire dire tout ce que l'on veut à la Parole !

Il faut le détachement de nous-mêmes. Il faut faire taire notre être. Nous ne pouvons nous mettre à lire si le centre de notre attention demeure notre moi.

Il s'agit finalement de tendre à cette connaissance pénétrée d'amour. Cette connaissance est celle du cœur, révélation du cœur à cœur, de personne à personne.

Adoptons l'attitude de saint Jean penché sur la poitrine du Christ.

La Lectio divina

Une école de vie

Nous sommes dans le silence, la solitude, le cœur préparé, alors, nous pouvons ouvrir la Parole. Cette lecture priante contribue à notre progrès spirituel : ce que nous ne savons pas, nous l'apprenons dans la Bible ; ce que nous avons appris, nous le conservons dans la méditation et ce que nous avons médité inspirera toute notre action.

« Enseigne-moi, Seigneur, le chemin de tes ordres,
À les garder, j'aurai la récompense.
Montre-moi comment garder ta loi
Que je l'observe de tout cœur » (*Ps* 118,33-34).

Il y a un devoir de chercher avec son intelligence, mais ce qui compte le plus, c'est la foi. Elle est le point de départ et l'aboutissement.

« Crois pour mieux comprendre » dit saint Augustin.

La partie la plus importante dans la *lectio* est la rumination.

Si, dans la lecture, l'attention est primordiale, c'est la mémoire qui intervient dans la rumination, mémoire du cœur qui accueille la Parole. Cette rumination permet que le texte devienne Parole.

Cette méditation consiste à faire passer la Parole dans la vie.

La *lectio* est non seulement une école de prière, mais aussi une école de vie. Si la lecture de la Parole de Dieu ne transforme pas notre vie, si elle ne nous convertit pas, c'est que nous nous sommes mis à l'extérieur de cette Parole. Nous ne nous sommes pas engagés à la suite du Christ.

Concrètement :

- Lire à voix haute un verset
- Faire silence
- Reprendre le verset intérieurement, sans lire les notes de notre bible, et s'interroger sur ce que veut nous dire le Seigneur à travers ce verset.
- Relever peut-être un mot qui a touché notre cœur, puis passer au verset suivant.

C'est ainsi que nous serons à l'écoute de Celui qui est la Parole, la plénitude de la Révélation.

LES PSAUMES

Prier la Parole
Les Psaumes

Si vous célébrez la liturgie des Heures, à savoir l'office des lectures, les laudes, le milieu du jour, les vêpres, les complies, vous priez chaque jour avec de nombreux psaumes.

À chaque Eucharistie, vous chantez un psaume.

C'est dire l'importance des cent cinquante psaumes qui sont des chants religieux d'Israël que Marie a appris au jeune Jésus à Nazareth.

L'Église chrétienne en a fait, sans changement, sa prière officielle. Ces cris de louange, de supplication ou d'action de grâce, ont un sens universel, car ils expriment l'attitude que tout homme doit avoir en face de Dieu.

Il est sûr que le Nouveau Testament a enrichi le sens des psaumes. En effet, le fidèle loue et remercie Dieu de lui avoir révélé son dessein d'amour à travers la Rédemption et le don de l'Esprit.

Les supplications anciennes deviennent plus ardentes depuis que la Cène, la Croix et la Résurrection ont appris à l'homme de quel amour il est aimé et quelle gloire lui est promise.

Les espérances chantées par les psalmistes se réalisent, le Messie est venu, il règne et toutes les nations sont appelées à le louer.

Le prédicateur commente peu les psaumes ; pourtant ils enrichissent notre vie spirituelle. Tout comme pour la *lectio divina*, il faut préparer nos cœurs pour entrer dans cette prière. Il nous arrive de lire un psaume et d'oublier à la fin ce que nous avons lu au début… cela n'est pas prier. Il faut que les mots résonnent en nos cœurs ; il faut savoir respirer entre les versets.

Alors, ouvrons notre bible, arrêtons-nous sur un psaume, on peut aussi se servir de son missel. Commençons par apprendre par cœur l'antienne, comme par exemple, « Goûtez et voyez comme est bon le Seigneur »… Nous pouvons la redire tout au long de la journée, entre deux activités. Puis lisons deux versets, prenons le temps de les méditer… Progressivement, la Parole va venir à nos lèvres. Cette prière du Christ devient alors la nôtre.

« Par ces mots appris par cœur, nous entrons en une splendide et immense résonance aux multiples harmoniques, dans la prière de Jésus lui-même » (cardinal Lustiger).

Le chant des Psaumes

Pourquoi chanter les Psaumes ? Saint Augustin confie qu'il pleurait à chaque fois qu'il entendait le chant d'un psaume à Milan.

En effet, le chant nous met en attitude de prière et en appétit d'explication. La prière est aussi naturelle au croyant que la respiration mais, comme toutes les réalités spirituelles, elle doit aussi s'approfondir et croître.

Elle doit croître en intelligence de la foi, car la Parole priée est faite pour être comprise ; elle s'adresse à chacun d'entre nous, qui que nous soyons.

Elle doit croître aussi en intériorité, car la vraie prière est celle du cœur.

Elle doit croître également en efficacité, car la prière doit transformer toute notre vie et rendre meilleures toutes nos œuvres.

Enfin, elle doit croître dans la conscience qu'elle prend d'être la prière de l'Église et finalement les balbutiements de la louange éternelle en quoi consistera notre béatitude.

Les demandes, les supplications, nous les reprenons à notre compte pour exercer notre sacerdoce commun.

En priant les psaumes, en communion avec toute l'Église qui prie les mêmes psaumes, nous devenons vivante offrande à la louange de Dieu le Père.

En priant ainsi, nous portons devant le Seigneur toutes les intentions que l'on nous a confiées.

N'hésitons pas à prier les psaumes.

Écoutons saint Augustin : « Avec nous, louez Dieu. Et si le psaume est prière, priez ; s'il gémit, gémissez ; s'il célèbre, soyez dans la joie et dans l'espérance s'il espère ; ressentez la crainte s'il exprime la crainte. Car toutes ces choses qui sont écrites ici sont le miroir de nous-mêmes. »

Psaume 8

Ô Seigneur, notre Dieu,
Qu'il est grand ton nom par toute la terre !

Jusqu'aux cieux, ta splendeur est chantée
Par la bouche des enfants, des tout-petits :
Rempart que tu opposes à l'adversaire
Où l'ennemi se brise en sa révolte.

À voir ton ciel, ouvrage de tes doigts,
La lune et les étoiles que tu fixas,
Qu'est-ce que l'homme, pour que tu penses à lui,
Le fils d'un homme, que tu en prennes souci ?

Tu l'as voulu un peu moindre qu'un dieu,
Le couronnant de gloire et d'honneur ;
Tu l'établis sur les œuvres de tes mains,
Tu mets toute chose à ses pieds.

Les troupeaux de bœufs et de brebis,
Et même les bêtes sauvages,
Les oiseaux du ciel et les poissons de la mer,
Tout ce qui va son chemin dans les eaux.

« Reviens vers ton cœur »

Avant d'aborder l'oraison, prenons le temps de méditer sur le cœur.

Je partirai de saint Paul, dans sa lettre aux Éphésiens : « Que le Père daigne, selon la richesse de sa gloire, vous armer de puissance par son Esprit pour que se fortifie en vous l'homme intérieur ; que le Christ habite en vos cœurs par la foi, et que vous soyez enracinés, fondés dans l'amour » (*Ep* 3,16-17). Saint Paul nous invite à nous abandonner au dynamisme intérieur qui, du Saint-Esprit, passe en nous. Cela se passe dans l'être le plus profond de l'homme : le cœur est le lieu privilégié de l'ouverture à Dieu, l'endroit où Dieu se communique à l'homme. Tous les grands spirituels ont tenté d'appeler cet être intime.

Sainte Thérèse d'Avila parle « de quelque chose de très profond » ou encore « du petit ciel de notre âme » (*Château intérieur VII*, 1-7).

Saint Jean de la Croix considère Dieu comme le centre de l'homme. C'est pourquoi saint Jean insiste sur le fait que l'homme doit se cacher là où Dieu est caché en lui : « Dieu est donc caché dans notre âme, et c'est là que le vrai contemplatif doit le chercher, en disant : où t'es-tu caché ?... Mais... puisque Celui que j'aime habite en moi, comment se fait-il que je ne le trouve ni ne le sente ? En voici la raison. "C'est qu'il y est caché et que tu ne te caches pas comme lui pour le trouver et le sentir." » (*Cantique spirituel* 1,6-9).

Vous comprenez pourquoi il faut désencombrer ce lieu ; il faut que les trois vertus théologales aient une place de choix dans notre cœur, car c'est par ces trois vertus que l'âme sort entièrement d'elle-même et pénètre en Dieu. Dire que l'âme sort d'elle-même, cela ne signifie pas une extériorité, mais le refus d'un repli sur soi. La démarche que je vous propose est toujours la même : aller au plus profond de nous-mêmes.

Écoutons Élisabeth de la Trinité : « Hâte-toi de descendre car il faut que je demeure aujourd'hui en ta maison... » (*Lc* 19,5). Le Maître redit incessamment à notre âme cette parole qu'il adressait un jour à Zachée. « Mais quelle est donc cette descente qu'Il exige de nous sinon une entrée plus profonde en notre abîme intérieur ? Cet acte n'est pas une séparation extérieure des choses extérieures, mais une solitude de l'esprit, un dégagement de tout ce qui n'est pas Dieu. »

Comment entrer en nous-mêmes ?

Comment faire ce chemin du dehors au dedans ?

Notons quelques points essentiels, déjà évoqués à propos de la mise en présence de Dieu :

- mener un style de vie en harmonie avec notre relation à Dieu ;
- mettre notre corporéité au service du Seigneur ;
- apporter le repos et la paix dans le monde des sentiments ;
- ordonner et purifier nos pensées, les orienter vers Dieu.

Ce chemin est à faire sans cesse, car c'est un lieu de combat, appelé à être un lieu d'offrande. C'est alors que le Seigneur pourra achever en nous le travail de conversion. C'est là que Marie doit intervenir.

La petite Thérèse en parle ainsi : « Je me figure mon âme comme un terrain libre et je prie la Sainte Vierge d'ôter les décombres qui pourraient l'empêcher d'être libre, ensuite je la supplie de dresser elle-même une vaste tente digne du ciel, de l'orner de ses propres parures » (manuscrit A 79-80). On oublie souvent cette place de Marie dans notre vie de prière. Certes, il nous arrive de la prier, mais rarement pour nous aider dans cette tâche difficile de l'émondage. « Tout sarment qui porte du fruit, Il l'émonde, pour qu'il en porte encore plus. Émondés, vous l'êtes déjà grâce à la parole que je vous ai annoncée » (*Jn* 15,2-3).

Revenons alors au cœur. Parler du cœur, n'est-ce pas rechercher l'Amour ? « Recherchez la charité » nous dit saint Paul (*1 Co* 14,1). Si nous voulons que le Seigneur vienne habiter notre cœur, il nous faut vivre « branchés » sur lui. Si nous avons l'impression que nous piétinons, c'est parce que notre amour pour le Christ n'est pas absolu et que notre cœur est partagé.

Éduquer le cœur à l'amour

Aimer quelqu'un dans la foi et la durée est particulièrement difficile.

Aimer exige une longue patience, une immense disponibilité, une solide maturité affective : cela dure toute une vie.

Il faut être capable de sortir de soi-même afin de pouvoir donner, se donner aux autres et également accueillir.

Celui qui persévère à prier au fond de son cœur pour obtenir la guérison obtiendra le don d'amour ; même s'il n'en est pas toujours conscient !

C'est le Christ qui nous apprendra à donner et à recevoir. D'ailleurs, il vient se donner lui-même en nous et c'est en nous qu'il accueille l'amour de son Père.

Le Christ nous apprend à dépasser nos blessures en les acceptant, ce qui n'enlève pas la peine, mais la féconde dans la souffrance. La guérison produit paix et abandon.

L'échange d'amour se refroidit parce que le cœur n'y est plus.

Comment veiller sur son cœur ?

Il s'agit de l'attitude de quelqu'un qui attend, qui est prêt, attentif, « une attention amoureuse » pour reprendre saint Jean de la Croix. Cette attitude doit être préservée avec soin, car elle est très fragile et vulnérable. Le moi le plus profond est trop prompt à se détacher de l'amour, du don pour aller à l'aventure vers des bagatelles immédiates. Il s'agit donc de garder son cœur en prière. « Entretenir la jeune flamme » disait le bienheureux Jean-Paul II.

La qualité d'un homme peut se mesurer à sa capacité de silence et d'accueil. Cette attitude d'accueil doit s'exercer chaque jour dans les rapports avec les autres. C'est en vivant avec le frère le plus proche que le cœur acquiert cette capacité d'aimer, de sortir de soi, de devenir réceptif.

Redonner la valeur à la sympathie, à la bienveillance, à l'amitié ; vivre ainsi au niveau du cœur crée une délicatesse. Pour maintenir cet accueil offert à Dieu, ne jamais cesser de se convertir.

Qu'entendons-nous par « capacité d'accueil » ?

« Voici que je me tiens à la porte et je frappe ; si quelqu'un entend ma voix et ouvre la porte, j'entrerai chez lui pour souper, moi près de lui et lui près de moi » (*Ap* 3,20).

Accueillir, c'est être là ; la disponibilité qui écoute.

Offrir son cœur

Ce travail ne se fait pas seul. L'Esprit Saint agit.

Un cœur offert, donné, est un cœur reconnaissant.

L'attente vigilante nous maintient en forme ; car elle mobilise sans cesse les énergies les plus profondes de notre foi ; elle éveille toutes nos capacités d'aimer.

Elle nous aide à cheminer en pèlerin et à nous acclimater à l'ailleurs qui nous attend.

« Ce qui m'attire, avouait la petite Thérèse, oh ! C'est l'Amour » ; mais elle a perçu le lien indissociable et adoptait alors cet étonnant programme : « aimer, être aimée et revenir sur la terre pour faire aimer l'Amour… » Oui, c'est bien l'Esprit qui guérit et qui produit paix, abandon et amour. La préparation de notre cœur à la rencontre du Christ débouche sur une attente vécue avec intensité. Alors, comme le cœur de Marie qui médite tous ces événements, notre cœur n'a plus d'autre souci que celui de se donner. Il s'agit donc d'habiller notre cœur d'attente.

Nous sommes tendus vers la rencontre avec le Christ comme vers un sommet et rien que l'attente nous remplit de joie.

L'attente nous maintient en forme spirituelle : elle mobilise les énergies les plus profondes de notre foi ; elle éveille toutes les capacités d'aimer ; elle nous acclimate à l'ailleurs qui nous attend. L'attente est la dominante de toute vie d'oraison.

À chaque moment de prière, le Christ pénètre à nouveau dans l'intimité la plus profonde avec son frère. « Tout ce qui est à moi est à toi et ce qui est à toi est à moi et je suis glorifié en eux » (*Jn* 17,10).

« Le cœur est la demeure où je suis, où j'habite. Il est notre centre caché, insaisissable par notre raison et par autrui ; seul l'Esprit de Dieu peut le sonder et le connaître. Il est le lieu de la décision, au plus profond de nos tendances psychiques. Il est le lieu de la vérité, là où nous choisissons la vie ou la mort. Il est le lieu de la rencontre, puisque à l'image de Dieu, nous vivons en relation : il est le lieu de l'alliance » (*CEC* 2563).

L'attention amoureuse nous ouvre à l'Esprit. Et l'Esprit conforme notre prière à la prière de Jésus. En laissant prier Jésus en nous, en priant le Père avec Lui, alors vous entrerez dans cette merveilleuse réciprocité d'amour entre le Père et le Fils dans l'Esprit.

Préparation lointaine à la mise en présence de Dieu

La mise en présence de Dieu est l'un des actes essentiels de l'oraison, j'ajouterai, de toute prière. À une époque où tout va très vite, nous ne savons plus prendre le temps de préparation suffisant. C'est ce qui explique en grande partie les difficultés rencontrées dans la vie de prière.

Nos grands maîtres spirituels nous ont donné des conseils. Ensemble, essayons de les reprendre et de les faire nôtres.

Derrière l'expression « mise en présence de Dieu », il y a plusieurs éléments : la préparation lointaine, celle juste avant l'oraison, et celle du début de l'oraison. Voyons tout d'abord la préparation lointaine.

Nous reprenons ici l'enseignement de Pierre de Clorivière, jésuite de la fin du XVIIIe siècle. « Avant l'oraison, préparez votre âme, et ne soyez pas comme un homme qui tente Dieu. » Comment s'y préparer ?

Par la pureté de conscience : Une volonté forte de ne jamais consentir à la moindre offense de Dieu. Ou, en d'autres termes, un désir au plus profond de nous-mêmes de faire sans cesse la volonté du Seigneur, et de demeurer en lui. Le Christ, d'ailleurs, nous y exhorte : « Si vous demeurez en moi et que mes paroles demeurent en vous, demandez ce que vous voudrez et vous l'obtiendrez » (*Jn* 15,7).

Par la pureté du cœur : elle consiste à vivre dégagé de tout amour pour la créature qui ne se rapporterait point à Dieu.

Par la pureté d'esprit : « Réprimer cette légèreté naturelle, cette trop grande activité, qui fait que l'âme sort à chaque instant d'elle-même. » Le Catéchisme de l'Église universelle invite à l'unité. « L'entrée en oraison est analogue à celle de la Liturgie eucharistique : "rassembler" le cœur, recueillir tout notre être sous la mouvance de l'Esprit Saint, habiter la demeure du Seigneur que nous sommes. »

Enfin, par la pureté d'action : n'agir que pour l'amour de Dieu ; n'agir que dans le seul dessein de plaire à Dieu. Il suffit de relire lentement la prière sacerdotale : « Tout ce qui est à moi est à toi et ce qui est à toi est à moi, et je suis glorifié en eux » (*Jn* 17,10).

Ces trois sortes de pureté sont nécessaires pour notre vie de prière : elles favorisent ce climat, cette attention ; elles sont une arme indispensable pour notre combat spirituel.

Abordons la préparation proche

La question du lieu : l'église est sûrement un lieu privilégié ; mais point n'est besoin obligatoirement de prier dans une église, près du saint sacrement, c'est sûrement une grâce de prier dans un oratoire à côté de la présence réelle, mais tout le monde ne dispose pas d'un oratoire !

La chambre : « Pour toi, quand tu pries, retire-toi dans ta chambre, ferme sur toi la porte, et prie ton Père qui est là, dans le secret » (*Mt* 6,6).

Enfin, ne pas dédaigner de temps en temps les beaux paysages qui facilitent la contemplation : saint Jean de la Croix n'hésitait pas à emmener ses novices dans la campagne pour y faire oraison.

Il me faut parler aussi de l'attitude du corps. On prie avec son corps.

Nous ne sommes pas de purs esprits ; il nous faut donc trouver les attitudes les plus aptes à la prière.

Le choix du temps : là encore, chacun doit trouver le temps où il est le plus disponible. Le conseil que je donnerais : si vous le pouvez, gardez autant que possible le même moment dans la journée. En effet, nous ne sommes pas des âmes d'oraison ! La fidélité est un combat, il faut s'y entraîner ; nous avons besoin d'habitudes, de rythme.

Quant à la durée, je donne la parole au Catéchisme : « Le choix du temps et de la durée de l'oraison relève d'une volonté déterminée, révélation des secrets du cœur. On ne fait pas oraison quand on a le temps : on prend le temps d'être pour le Seigneur, avec la ferme détermination de ne pas le lui reprendre en cours de route, quelles que soient les épreuves et la sécheresse de la rencontre. On ne peut pas toujours méditer, on peut toujours entrer en oraison, indépendamment des conditions de santé, de travail ou d'affectivité. Le cœur est le lieu de la recherche et de la rencontre, dans la pauvreté et dans la foi » (*CEC* 2710).

Mise en présence de Dieu au début de l'oraison

Le signe de croix

Notre prière est une prière chrétienne. Ce signe ne doit pas être insignifiant. Il nous plonge à la fois dans le mystère trinitaire et dans le don du Fils pour tous les hommes. Nous le faisons parfois beaucoup trop rapidement, ou un peu machinalement.

L'acte de foi

Dieu est présent. C'est Lui qui nous convoque et je crois qu'Il est au rendez-vous. Là encore, il nous faut soigner cet acte de foi. « Je crois, Seigneur, que tu es là » « Prie ton Père qui est là » (*Mt* 6,6). Il suffit de regarder le Christ prier : Il sait que son Père est là. « Père, je te rends grâce de m'avoir exaucé » (*Jn* 11,41).

Le Christ ne cherche pas son Père, il sait qu'Il est présent au cœur de sa prière. Alors, si nous croyons qu'en allant prier le Seigneur est présent, il faut nous reconnaître pécheur.

Se reconnaître pécheur

Si Dieu est là… mais qui suis-je pour me trouver en sa présence ? Regardons les grands priants. Moïse et le buisson ardent : Yahvé vit Moïse s'avancer pour mieux voir, et Dieu l'appela du milieu du buisson. « Moïse, Moïse ! » « Me voici » répondit-il. Alors Il dit : « N'approche pas d'ici. Ôte tes sandales de tes pieds car le lieu que tu foules est une terre sainte. » Dieu dit encore : « C'est moi le Dieu de ton père, le Dieu d'Abraham, le Dieu d'Isaac et le Dieu de Jacob. » Moïse alors se voila la face, dans la crainte que son regard ne se fixât sur Dieu (*Ex* 3,4-6).

L'attitude première est celle du respect et de la reconnaissance de ce que nous sommes : une créature face au Créateur.

Concrètement, nous pouvons redire, par exemple, le psaume 50 : « Crée en moi un cœur pur, ô mon Dieu, renouvelle et raffermis au fond de moi mon esprit. Ne me chasse pas loin de ta face. Ne me reprends pas ton Esprit Saint » ; ou toute autre confession personnelle.

Il ne s'agit pas de se reconnaître pécheur pour le plaisir de se reconnaître pécheur ; ce n'est pas non plus de la fausse humilité, c'est une reconnaissance de ce que je suis : une créature aimée, mais une créature qui tient tout de Dieu. « La prière de l'homme qui s'humilie percera les nuées… » (*Si* 35,21).

S'offrir à Dieu

Une invocation à l'Esprit Saint

C'est Lui qui prie en nous. La prière la plus simple et la plus traditionnelle est « Viens, Esprit Saint », que nous avons méditée plus haut. L'essentiel est que l'Esprit Saint soit invoqué, car il est le Maître intérieur.

Enfin un acte d'offrande

Cet acte souligne tout d'abord la gratuité de notre prière. Ce temps est donné pour Dieu ; gratuité, car nous sommes dans l'ordre de la grâce. Par notre baptême, nous sommes appelés à vivre nos trois fonctions : sacerdotale, prophétique et royale.

La prière est le lieu où nous pouvons vivre la fonction sacerdotale si toutefois nous nous y offrons. « Je vous exhorte donc, frères, par la miséricorde de Dieu, à offrir vos personnes en hostie vivante, sainte, agréable à Dieu : c'est là le culte spirituel que vous avez à rendre » (*Rm* 12,1).

Faire cet acte d'offrande au début de l'oraison, c'est dire au Seigneur : « Que ce soit ta volonté et non la mienne. » C'est en même temps un acte d'abandon et d'obéissance.

Ces différentes étapes achevées, il reste alors à obtenir le silence.

Faire silence

« L'âme recueille toutes ses puissances et rentre en elle-même avec son Dieu. » (Thérèse d'Avila, *Chemin de la Perfection*, 28).

Il s'agit d'entrer dans le silence de Dieu. Il nous faut alors renoncer délibérément à l'activité des sens extérieurs et ne rechercher que la présence de Dieu : « Seul à seul avec Dieu. »

Je reprendrai volontiers une très belle expression de saint Augustin : « Reviens vers ton cœur. » C'est là où demeure la Trinité.

En fixant les yeux sur l'icône ou la Croix, ou en les fermant pour vous plonger dans votre cœur, pensez sans cesse à cette présence qui vous habite et, dès qu'une idée vous éloigne de ce lieu, revenez immédiatement vers votre cœur. Il n'est pas question de commencer l'oraison proprement dite avant un silence certain. On peut s'y aider également en récitant une prière vocale ou en prononçant régulièrement le nom de Jésus. Ce nom de Jésus nous replonge en nous-mêmes. « Si tu vas au bout du monde, tu trouves la trace de Dieu ; si tu vas au fond de toi, tu trouves Dieu lui-même. »

Le silence intérieur

La paix intérieure s'installera lentement car les distractions sont multiples. Il ne faut pas trop s'en inquiéter : osons les regarder. Il y en a qui proviennent de notre esprit ; un tourbillon de pensées est inévitable, vu la vie que nous menons !

Quand elles arrivent, de nouveau se recueillir, élever son esprit vers Dieu et continuer sa prière avec plus d'attention et de ferveur. Cela nous rappelle que la prière est de l'ordre du combat. J'aime ce que dit le Catéchisme à propos des distractions : « Partir à la chasse des distractions serait tomber dans leurs pièges, alors qu'il suffit de revenir à notre cœur : une distraction nous révèle ce à quoi nous sommes attachés et cette prise de conscience humble devant le Seigneur doit réveiller notre amour de préférence pour Lui, en Lui offrant résolument notre cœur pour qu'Il le purifie. Là se situe le combat, le choix du Maître à servir (cf. *Mt* 6,21-24) » (*CEC* n° 2729).

« L'oraison, disait Thérèse d'Avila, n'est rien d'autre, à mon avis, qu'un commerce d'amitié où l'on s'entretient souvent et seul à seul avec Celui dont nous savons qu'Il nous aime. » Et saint Ignace de Loyola : « Un ami qui parle à un ami et qui sait se taire pour l'écouter. »

Le Catéchisme nous donne aussi deux très belles définitions de l'oraison :

« L'oraison est silence, (…) ou silencieux amour. Les paroles dans l'oraison ne sont pas des discours mais des brindilles qui alimentent le feu de l'amour. C'est dans ce silence, insupportable à l'homme "extérieur", que le Père nous dit son Verbe incarné, souffrant, mort et ressuscité, et que l'Esprit filial nous fait participer à la prière de Jésus » (*CEC* n° 2717) et à la fin de l'article sur les expressions de la prière, le Catéchisme conclut : « l'oraison mentale est l'expression simple du mystère de la prière. Elle est un regard de foi fixé sur Jésus, une écoute de la Parole de Dieu, un silencieux amour. Elle réalise l'union à la prière du Christ dans la mesure où elle nous fait participer à son mystère » (*CEC* n° 2724).

Le cœur à cœur

Après nous être mis en présence de Dieu, commence le second temps de l'oraison, ce que nous appelons le cœur à cœur.

C'est Dieu qui a l'initiative ; ouvrons alors la Parole de Dieu et lisons lentement un verset. Cela peut être l'évangile du jour ! Et laissons parler la Parole. Nous devons rester en nos cœurs et, si nous avons l'impression d'être ailleurs, retournons sans tarder au plus intime de nous-mêmes en relisant le même verset.

Il faut nous maintenir dans le silence. Comme l'écrit un chartreux : « Le silence est une parole, le silence est une pensée. C'est une parole et une pensée où se concentrent toutes paroles et toutes pensées. »

Les difficultés auxquelles nous sommes confrontés sont ces distractions ; nous voulons toujours les chasser, mais c'est là une erreur. Le Catéchisme précise que : « Partir à la chasse des distractions serait tomber dans leurs pièges, alors qu'il suffit de revenir à notre cœur : une distraction nous révèle ce à quoi nous sommes attachés et cette prise de conscience humble devant le Seigneur doit réveiller notre amour de préférence pour lui, en lui offrant résolument notre cœur pour qu'il le purifie. Là se situe le combat, le choix du Maître à servir (*cf. Mt* 6,21.24). »

Après avoir intériorisé la Parole, c'est à nous de répondre au Seigneur ; en effet chaque Parole attend une réponse de notre part.

« Il m'avise et je l'avise », répondait un paroissien du curé d'Ars. Tel est le sens de notre cœur à cœur avec le Seigneur.

Surtout ne faisons pas de l'exégèse ; laissons résonner la Parole, cela suffit.

La réponse du Seigneur dans le cœur à cœur se fait non par des paroles, mais par son action au plus intime de notre âme. Par les sentiments qu'il nous donne : le bonheur d'être là avec lui, de se savoir aimé.

La prière de demande

Tout le chemin spirituel fait à partir de l'oraison devrait nous aider à entrer dans la prière de demande, l'intercession, l'action de grâce et la louange.

Au cours des retraites, j'entends souvent des fidèles se lamenter parce que leurs prières ne sont que des demandes ! Nous n'avons pas à nous culpabiliser parce que nous demandons. « Demandez et l'on vous donnera ; cherchez et vous trouverez ; frappez et l'on vous ouvrira. Car quiconque demande reçoit ; qui cherche trouve ; et à qui frappe, on ouvrira » (*Mt* 7,7-8).

Le problème est sans doute dans le fait que nos prières ne sont que « demandes ». Nous avons insisté sur la gratuité dans l'oraison ! La vie spirituelle est un tout. La demande est déjà un retour vers le Seigneur parce que nous reconnaissons que lui seul peut nous combler. L'homme ne se suffit pas à lui-même. La prière de demande me rappelle ma condition de créature, faible, limitée, qui ne peut pas se passer de Dieu.

Le premier mouvement de la prière de demande est celui du pardon « Aie pitié du pécheur que je suis » (*Lc* 18,13). C'est le point de départ de toute vraie prière. Que ce soit au début de l'oraison, ou à l'Eucharistie, l'attitude de l'orant est celle du publicain. Se reconnaître pécheur en ayant confiance en la miséricorde du Père, voilà la demande du pardon.

Mais que faut-il demander ? Le Catéchisme précise que « la demande chrétienne est centrée sur le désir et la recherche du Royaume qui vient ». À partir de là, nous pouvons vérifier si nos demandes font advenir le Royaume.

Demander la sainteté, la docilité à l'Esprit, la force de la mission, voilà ce qui nous associe à la mission du Fils. « Ne brisez pas l'élan de votre générosité, mais laissez jaillir l'Esprit ; soyez les serviteurs du Seigneur. Aux jours d'espérance soyez dans la joie, aux jours d'épreuve, tenez bon ; priez avec persévérance. » (*Rm* 12,9-12). La demande peut toucher notre vie quotidienne, nos proches, ceux dont nous avons la charge, qu'importe ! L'essentiel est que la demande conduise au mystère du Père.

La prière d'intercession

À côté de la prière de demande, il y a l'intercession qui « nous conforme de près à la prière de Jésus ». C'est la mission de l'unique Prêtre. Par notre baptême, nous participons à la triple fonction du Christ : sacerdotale, prophétique et royale. L'intercession est une prière « sacerdotale ». Comme la Prière universelle est celle de l'assemblée qui vit par là sa fonction sacerdotale dans l'Eucharistie, l'intercession nous associe à la prière du Christ. « Dans l'intercession, celui qui prie ne recherche pas ses propres intérêts, mais songe plutôt à ceux des autres » (*Ph* 2,4), jusqu'à prier pour ceux qui lui font du mal.

La prière d'intercession nous décentre et nous plonge dans le mystère de la charité. Tous, ici, nous avons une responsabilité vis-à-vis de nos communautés. Que de personnes comptent sur notre prière ! Nous acceptons des intentions ; nous nous y engageons ; encore faut-il tenir nos promesses ! Il est facile de dire : « Je prierai pour vous » ; il est plus difficile d'y être fidèle.

La prière d'intercession se vit à l'Eucharistie, à l'oraison, aux laudes et aux vêpres ; mais en toute occasion il nous est demandé de porter nos frères dans la prière.

La prière d'intercession peut faire des miracles, notamment dans le cas du pardon. Le Catéchisme, dans le commentaire du Notre-Père, à propos du pardon, en parle à merveille. Il est parfois difficile de pardonner ; il est souvent difficile, voire impossible, d'oublier l'offense. « Il n'est pas en notre pouvoir de ne plus sentir et d'oublier l'offense ; mais le cœur qui s'offre à l'Esprit Saint retourne la blessure en compassion et purifie la mémoire en transformant l'offense en intercession. »

La prière d'intercession transforme toujours celui qui la pratique car elle est de l'ordre de la charité et la charité transfigure. N'hésitons pas à prier pour le prochain ; cela rejaillira dans notre vie spirituelle, puisque nous nous rapprochons de tous ceux que nous portons. Enfin, regardez dans votre vie et pensez à tous ceux qui prient pour vous : les parents, les enfants, les amis, les contemplatives et les contemplatifs, connus ou inconnus. Tel est le mystère de la communion des saints.

La prière d'action de grâce et de louange

La plus belle action de grâce est l'Eucharistie. Nous entendons l'appel de saint Paul. « En toute condition, soyez dans l'action de grâce. C'est la volonté de Dieu sur vous dans le Christ Jésus » (*1 Th* 5,18). Là encore, l'action de grâce est une reconnaissance de la bonté de Dieu.

Une vie d'action de grâce nous permettra dans l'épreuve de redire le *Magnificat* ; non pas pour l'épreuve, mais parce que l'Innocent cloué sur une croix est avec nous au cœur de notre détresse. Le souhait que nous devons faire c'est d'arriver à dire à la fin de notre vie, alors que le Seigneur viendra nous chercher : « Oui, Seigneur, tout est grâce. »

La prière d'action de grâce est proche de la louange. « La louange est la forme de prière qui reconnaît le plus immédiatement que Dieu est Dieu (…) Elle lui rend gloire parce qu'Il Est. »

Le propre de l'homme, sa vocation, est de rendre gloire à Dieu. Cette gloire est divinisation, communion à la Trinité sainte, source d'immortalité. L'expérience du salut est la connaissance de la grâce. Cette reconnaissance signifie à la fois l'action de grâce de l'homme pour le salut et la connaissance de ce qu'il est « mortel et impuissant » et de ce qu'est Dieu « immortel et puissant ».

L'orgueil consiste à s'attribuer ce qui vient de Dieu, à prendre pour une propriété naturelle ce qui est grâce. L'orgueil engendre l'ingratitude vis-à-vis de l'amour de Dieu ; inversement, la reconnaissance de la grâce engendre l'humilité et fait croître l'amour. Or l'accroissement de l'amour produit un accroissement de gloire. Oui, le Christ nous montre bien que la gloire est l'irradiation de l'amour. Cette gloire, l'homme ne peut que la recevoir. Mais la gloire de l'homme c'est Dieu, c'est-à-dire ce que Dieu fait en lui. Le don de l'incorruptibilité est source de charité. « La gloire de Dieu, c'est l'homme vivant et la vie de l'homme c'est la vision de Dieu. » Cette gloire brille sur les visages des saints. Au cœur de notre prière, nous sommes invités à jouer cette symphonie entre l'amour, la gloire et le don de la grâce. En voici la partition : plus nous recevrons abondamment la grâce de Dieu, plus nous l'aimerons et plus nous l'aimerons, plus notre gloire sera grande.

La prière d'adoration

Rappelons-nous les paroles de la Samaritaine à Jésus : « Nos pères ont adoré Dieu sur la montagne qui est là, et vous, les Juifs, vous dites que le lieu où il faut l'adorer est à Jérusalem. » Jésus lui dit : « Femme, crois-moi : l'heure vient où vous n'irez plus ni sur cette montagne ni à Jérusalem pour adorer le Père. Vous adorez ce que vous ne connaissez pas ; nous adorons, nous, celui que nous connaissons, car le salut vient des Juifs. Mais l'heure vient – et c'est maintenant – où les vrais adorateurs adoreront le Père en esprit et vérité : tels sont les adorateurs que recherche le Père. Dieu est esprit, et ceux qui l'adorent, c'est en esprit et vérité qu'ils doivent l'adorer. » (*Jn* 4,20-24).

La Samaritaine évoque l'ancien temple construit sur le mont Garizim ; le Christ évoque le Temple de Jérusalem, mais il annonce surtout le nouveau Temple, son propre Corps. C'est par lui, avec lui et en lui, que nous adorerons le Père en esprit et en vérité.

Avant de donner une méthode de prière d'adoration, il faut nous rappeler ces paroles de Jésus. Elles nous interdisent de tomber dans une sorte de ritualisme qui risquerait de désacraliser l'adoration. Elles nous montrent l'essentiel ; il s'agit de nous situer au niveau du cœur, et ce n'est pas pour rien que la basilique du Sacré-Cœur est liée à l'adoration eucharistique.

« Adorer en esprit et en vérité » engage tout notre être, ce ne sont donc pas d'abord des gestes ou des paroles, même s'ils sont aussi indispensables, car notre prière est incarnée, mais c'est le don de tout notre être, corps et âme, au Seigneur qui est demandé. Les gestes sont là pour traduire notre offrande au Père. Il est bon de temps en temps de nous le rappeler pour garder notre liberté intérieure et ne pas devenir des sortes « d'automates spirituels » qui font des « exercices pieux », mais qui ne voient aucun changement dans leur vie.

La prière d'offrande

L'adoration est le prolongement de l'acte eucharistique du Christ. C'est pourquoi, l'adoration est impossible lorsque l'Eucharistie est célébrée.

Dans ce sacrement, le Christ s'offre à son Père et nous saisit dans son acte d'offrande.

C'est à l'offertoire que nous apportons au pied de l'autel tout ce que nous sommes, notre travail, nos peines et nos joies, tout notre être.

C'est à la consécration, qu'avec le Christ, au plus profond de notre cœur, nous disons en vérité : « Ceci est mon Corps. »

C'est à l'épiclèse, don de l'Esprit, que je deviens de plus en plus « vivante offrande ».

C'est à la communion, comme dit saint Augustin, que je « deviens ce que je reçois », c'est-à-dire corps du Christ.

Mais nous savons bien que nous donnons et qu'il nous arrive de reprendre. Donner sa liberté est difficile, cela ne se fait pas sans la grâce.

Cet acte d'offrande n'est pas uniquement personnel.

Il doit être concret. Tout d'abord notre présence, et parfois c'est quasi héroïque ! Notre prière, ce sont des visages, des amis qui nous ont confié des intentions, etc.

Cela peut être aussi un engagement vis-à-vis du Seigneur : fidéliser un temps d'oraison, un engagement dans ma paroisse, un peu plus de disponibilité et de gratuité dans ma vie quotidienne, etc.

Durant votre temps d'adoration, pourquoi ne pas reprendre quelques passages des prières eucharistiques. L'adoration permet d'entrer plus profondément dans le mystère de l'Eucharistie.

Cet acte d'offrande est un acte d'abandon et de confiance. (On peut relire la Prière de Charles de Foucauld ou l'Acte d'Offrande de sainte Thérèse de l'Enfant Jésus). C'est dans cet acte d'offrande que je découvre combien la Croix qui est don et amour peut être source de joie, car il y a plus de joie à donner qu'à recevoir.

Prière de Charles de Foucauld

Mon Père, je m'abandonne à toi,
fais de moi ce qu'il te plaira.
Quoi que tu fasses de moi,
je te remercie.
Je suis prêt à tout, j'accepte tout.

Pourvu que ta volonté se fasse en moi,
en toutes tes créatures,
je ne désire rien d'autre, mon Dieu.

Je remets mon âme entre tes mains.
Je te la donne, mon Dieu,
avec tout l'amour de mon cœur,

parce que je t'aime,
et que ce m'est un besoin d'amour de me donner,
de me remettre entre tes mains sans mesure,
avec une infinie confiance car tu es mon Père.

Seigneur, apprends-nous à aimer

Le Christ est monté en croix par charité et l'Eucharistie jaillit de la Croix. Ainsi participer à l'acte eucharistique nous fait entrer dans l'Amour, mieux, il nous engage à aimer.

L'adoration nous conduit à la source de l'Amour. L'Amour ne s'explique pas, il se contemple ; nous entrons dans ce mouvement d'Amour du Fils à son Père. L'adoration est alors un cœur à cœur, le cœur brûlant d'amour du Christ qui rejoint notre cœur, parfois blessé. Ce cœur à cœur est un cœur dans le Cœur.

Il s'agit de laisser le Christ aimer en nous ; pour cela, il faut savoir se déposséder et désencombrer nos cœurs.

Si nous sommes invités à participer à l'Amour du Fils, c'est parce que « le Père mendie notre pauvre amour » comme le dit sainte Thérèse de l'Enfant-Jésus.

Pour répondre à l'Amour par l'amour, il nous faut le recevoir et, pendant ce temps d'adoration, nous faisons le plein d'amour.

C'est là l'œuvre de l'Esprit Saint qui répand en nos cœurs la charité.

« Ubi caritas et amor, Deus ibi est. »

On peut reprendre lentement l'hymne à la charité (*1 Co* 13,1-13) puis concrètement s'engager à poser tel ou tel acte de charité. Là encore pour ne pas rester dans l'imaginaire. Seigneur, apprends-nous à te voir.

Le désir de la vision de Dieu rejoint le désir de la sainteté. Ce désir, l'homme le porte dans son cœur.

La nouveauté apportée par le Christ, c'est que la vision de Dieu est rendue possible.

« Qui m'a vu a vu le Père. »

Et la condition, pour une telle vision est : « Bienheureux les cœurs purs, car ils verront Dieu. »

C'est pourquoi il faut prendre du temps pour regarder le Christ réellement présent ; ce regard purifiera nos yeux et les habituera à la vision du Père. Ainsi le temps d'adoration n'est pas un temps de lecture méditative mais un face-à-face.

Cette ouverture du cœur signifie notre don au Seigneur et notre totale disponibilité pour ne faire que sa volonté. En fixant nos yeux sur le Christ, nous entrerons dans la communion tant attendue : le Seigneur viendra faire sa demeure en nos cœurs.

La prière mariale

Tous les chemins spirituels s'achèvent à Nazareth avec la Vierge Marie. Dans ce petit village, une jeune fille attend :

Je vous salue Marie ; deux visages qui se rencontrent : Dieu et l'homme ; deux visages capables de se connaître, de se regarder.

Je vous salue Marie ; la prière des pauvres, notre prière quand on ne sait plus quoi dire à Dieu, quand la tristesse ou la lassitude nous envahit.

À chaque fois que je rencontre quelqu'un, je le salue en l'appelant par son nom. « Je vous salue Marie » ; et je lui redis alors son nom propre : ***pleine de grâces.***

Puis nous nous redisons ce qu'elle est pour Dieu : ***Le Seigneur est avec vous*** ; elle est bénie de Dieu ; elle nous rappelle notre vocation : nous avons été créés pour être saints et immaculés, vivre dans l'amour en présence de Dieu. Nous nous souvenons alors de Celui qu'elle aime, de Celui qui nous aime : ***Jésus, le fruit de vos entrailles est béni.***

C'est alors, l'audace de notre demande : ***priez pour nous, pauvres pécheurs.***

Elle, la bénie du Père, elle, la toute pure, elle, l'Immaculée, nous nous présentons à elle avec nos faiblesses. Mais nous ne faisons que lui parler de ceux pour qui elle a de l'inquiétude. N'allons pas croire que l'Immaculée est loin des pécheurs ; c'est parce qu'elle est sans péché qu'elle est proche de chacun d'entre nous.

En achevant cet Ave, nous pouvons lui demander que, pour nous aussi, à cause de notre pauvreté, le Christ devienne ce qu'il fut pour elle, une personne vivante, préférée à tout, aujourd'hui et ***à l'heure de notre mort.***

La Vierge à midi

Paul Claudel

Il est midi. Je vois l'église ouverte. Il faut entrer.
Mère de Jésus Christ, je ne viens pas prier.
Je n'ai rien à offrir et rien à demander.
Je viens seulement, Mère, pour vous regarder.
    Vous regarder, pleurer de bonheur, savoir cela
    Que je suis votre fils et que vous êtes là.
    Rien que pour un moment pendant que tout s'arrête.
Midi ! Être avec vous, Marie, en ce lieu où vous êtes.
Ne rien dire, mais seulement chanter parce qu'on a le cœur trop plein,
Comme le merle qui suit son idée en ces espèces de couplets soudains.
    Parce que vous êtes belle, parce que vous êtes immaculée,
    La femme dans la Grâce enfin restituée,
    La créature dans son honneur premier et dans son épanouissement final,
    Telle qu'elle est sortie de Dieu au matin de sa splendeur originale.
Intacte ineffablement parce que vous êtes la Mère de Jésus Christ,
Qui est la vérité entre vos bras, et la seule espérance et le seul fruit.
    Parce que vous êtes la femme, l'Eden de l'ancienne tendresse oubliée,
    Dont le regard trouve le cœur tout à coup et fait jaillir les larmes accumulées,
    Parce qu'il est midi, parce que nous sommes en ce jour d'aujourd'hui,
    Parce que vous êtes là pour toujours,
    Simplement parce que vous êtes Marie, simplement parce que vous existez,
Mère de Jésus Christ, soyez remerciée !

Remerciements

Bruno Baccheschi tient à remercier tous ceux qui lui ont ouvert leurs portes :
la communauté des petites sœurs de Bethléem,
la communauté des filles de la Charité de la Médaille Miraculeuse,
la communauté des moines bénédictins de l'Abbaye du Bec-Hellouin,
la paroisse Saint-François-Xavier,
la paroisse orthodoxe roumaine Sainte-Parascève,
le musée du Petit Palais,
le musée du Prado.

Table des matières

Coordination éditoriale : Marie Jouannic, Parole et Silence
Conception graphique : Malb studio Flageul
Fabrication : Yves Raffner

Achevé d'imprimer en novembre 2012 sur les presses de Gráficas Varona, S.A.
Dépôt légal : décembre 2012
Imprimé en Espagne